AF267954

LE JUBILÉ

DU

MUSÉE GUIMET

VINGT-CINQUIÈME ANNIVERSAIRE
DE SA FONDATION

1879-1904

DEUXIÈME ÉDITION

publiée à l'occasion du trentième anniversaire.

LYON

A. REY & Cⁱᵉ, IMPRIMEURS-ÉDITEURS

4, RUE GENTIL, 4

—

1909

LE JUBILÉ

DU

MUSÉE GUIMET

LE JUBILÉ

DU

MUSÉE GUIMET

VINGT-CINQUIÈME ANNIVERSAIRE

DE SA FONDATION

1879-1904

DEUXIÈME ÉDITION

publiée à l'occasion du trentième anniversaire.

LYON

A. REY & Cie, IMPRIMEURS-ÉDITEURS

4, RUE GENTIL, 4

1909

LE MUSÉE GUIMET

A l'occasion du vingt-cinquième anniversaire de la fondation du Musée Guimet, on me fait des questions ;
on me demande comment j'ai réuni cette collection et pourquoi je l'ai faite.

Pourquoi? Je n'en sais rien.

Un beau jour, je me suis trouvé à la tête d'un Musée et
j'ai été fort surpris.

Comment? Je vais le dire.

En 1865, j'entreprenais, comme tout le monde, un voyage
de touriste en Egypte. La vue des monuments, les visites
au Musée de Boulacq, la lecture du merveilleux catalogue
rédigé par Mariette, attrayant même pour les profanes,

attachant comme un roman, les petits objets antiques qu'on se croit obligé de rapporter, tout cela avait ouvert mon esprit aux choses des temps passés et particulièrement aux croyances encombrantes dont les symboles se déroulent en Egypte sur des kilomètres de murailles.

Rentré chez moi, je fis faire une vaste vitrine à trois étages. En haut, se développaient les riches étoffes d'Orient (faites à Nîmes), en bas les marqueteries, les cuivreries (venues de Trieste) et, au centre, une sorte de pupitre vitré abritait religieusement quelques antiquités pharaoniques (fausses la plupart). Eh bien ! c'était déjà le Musée. Je ne m'en doutais, certes, pas. Cette vitrine primordiale est visible — sans difficultés — dans le bureau du conservateur adjoint.

Je me mis à bibeloter chez les marchands, à rechercher les amulettes, les divinités trouvées dans les tombes égyptiennes et le pupitre central devint insuffisant. J'en fis faire un autre beaucoup plus grand et fort laid, épais, trop profond, sans lumière. Mais que d'émois et quelles admirations j'éprouvais en remplissant de mes trouvailles cet affreux meuble ! Pour le moment, il est utilisé par les gardiens du Musée qui y mettent les catalogues et les photographies qu'ils vendent au public. C'est aussi un monument historique.

Peu à peu, les figurines en terre émaillée, les dieux de bronze, les canopes d'albâtre, les stèles en calcaire, les statuettes de granit envahirent ma chambre à coucher où j'avais réuni mes souvenirs de voyage. Quelques papyrus sous verre et des copies à l'aquarelle de peintures tombales ornaient les murs. Un jour, j'achetais une momie; quelle joie ! Puis une autre. Pour gagner mon lit, j'étais obligé d'enjamber les cadavres. Je changeai de chambre.

Les antiquités arrivant toujours ne tardèrent pas à me chasser de mon nouveau logement. Assez rapidement, elles me poursuivirent de chambre en chambre et, quand la maison fut pleine, je fus obligé d'aller habiter une construction voisine beaucoup plus grande et qui avait un pavillon avec billard.

Pour servir de socle, le billard était indiqué. Il se couvrit de grandes statues, bronze ou bois doré, représentant les divinités de la Chine, de l'Inde et du Japon, car l'Egypte n'avait donné que les premières dents de l'engrenage.

Pour aller plus vite, j'achetai des collections entières. Un dentiste américain me proposa des marbres romains, dieux de l'Olympe, bustes d'empereurs, provenant de fouilles faites en 1822 dans la villa Adriana. Je pris les marbres romains. Un petit Musée d'Italie était à vendre, tombeaux étrusques, portraits funéraires et statues d'orantes, le tout en terre cuite. Je soldai le petit musée. Un marchand de Lyon avait acheté la collection égyptienne de l'abbé Greppo, je ramassai le tout. A Saint-Etienne, des caisses venues de Chine après décès étaient en souffrance ; elles contenaient mille médailles, quatre cents bronzes très vieux, des livres anciens chinois ; les caisses vinrent chez moi. Le baron de Ravizi voulut bien me céder les superbes bois sculptés qu'il avait rapportés des Indes ; et les étages de la grande maison se remplissaient successivement, aussi les remises, les orangeries, etc.

Cette frénésie d'acquisition a besoin d'être expliquée. J'eus quelques difficultés à me l'expliquer à moi-même. Quand on se sent malade, on aime bien savoir d'où cela est venu et si on ne peut pas y apporter quelque remède.

Voici ce qui m'était arrivé.

Alors que je n'en étais qu'aux recherches égyptiennes, je sentais que ces objets que je réunissais restaient muets et que pourtant ils avaient des choses à me dire, mais que je ne savais pas les interroger. Je me mis à lire Champollion, Brusch, Chabas, de Rougé, les rares livres d'égyptologie qu'on avait publiés à cette époque. Alors se dressa devant moi cette formidable histoire de l'Egypte, avec ses croyances compliquées, sa religion intense, sa philosophie grandiose, ses superstitions mesquines, sa morale pure.

Des comparaisons s'imposaient avec les autres civilisations archaïques. Il fallait tourner mes regards vers l'Inde, la Chaldée, la Chine. A côté des bibelots s'entassaient les livres, les uns expliquant les autres. Pour plus de clarté dans les classements et les rapprochements, il fallait ordonner des séries qui n'étaient pas sans lacunes que comblaient de nouveaux achats. Et comment s'arrêter? Où s'arrêter?

Autre chose. Fils d'industriel, chef d'usine moi-même, j'avais passé ma vie en contact avec les ouvriers; je m'étais constamment occupé de leur donner la santé de l'esprit et le bien-être du corps. Je fondais des écoles, des cours, des sociétés musicales, des associations de secours mutuels, et je constatais que les créateurs de systèmes philosophiques, les fondateurs de religions avaient eu les mêmes pensées : que Lao-tseu, Confucius, Sakia-Mouni, Zoroastre, Moïse, Platon, Jésus, Mahomet avaient, chacun à son époque, proposé des solutions sociales.

L'intérêt que je portais aux travailleurs que, chaque jour, je coudoyais, me faisait rechercher avec avidité la société des grands penseurs de l'humanité; de même que les études que je faisais de leurs conceptions morales me ramenaient à en faire profiter ceux qui m'entouraient.

Il y avait donc, dans mon ardeur à rechercher les documents écrits ou figurés, une sorte de surexcitation qui venait du désir d'atteindre un but immédiat, tangible, de l'espérance que ces travaux pouvaient semer un peu de bonheur.

Et puis sous quelles formes se présentaient ces objets religieux? Sous les apparences les plus parfaites de l'art à toutes les époques. C'est pour les temples que les plus grands artistes du monde ont travaillé. C'est pour honorer les dieux que les rois, les peuples ont dépensé les sommes les plus invraisemblables. C'est la foi de chaque race qui lui a fait trouver la formule impeccable qui représente sa pensée intime, sa conception la plus transcendante. Et si la lassitude m'était venue de réunir indéfiniment des idoles, des symboles, des ustensiles du culte, l'ardeur esthétique m'aurait poussé à continuer de rassembler de superbes œuvres d'art.

Par le désir d'être utile, par l'attrait des idées philosophiques, par l'élan d'enthousiasme que produit la beauté, j'arrivais à comprendre que mes collections me dévoilaient l'idéal du philosophe grec : le bien, le vrai et le beau ; et je m'y attachais plus que jamais.

Quand on veut vraiment apprécier les civilisations anciennes ou exotiques qui faisaient l'objet de mes préoccupations, on doit faire abstraction de ses propres croyances, se dépouiller des idées toutes faites données par l'éducation, par l'entourage. Pour bien saisir la doctrine de Confucius, il est bon de se donner un esprit de lettré chinois ; pour comprendre le Bouddha, il faut se faire une âme bouddhique. Mais comment y arriver par le seul contact des livres ou des collections? C'est insuffisant, même en tenant compte de l'époque, du climat, des mœurs, des races. Il est indispensable de voyager, de toucher le croyant, de lui parler, de le voir agir. Aussi, je me décidai à faire le tour du monde, à visiter le Japon, la Chine, l'Inde, comme j'avais fait de l'Egypte et de la Grèce.

Des amis qui revenaient de l'Orient me dirent : « Si vous voulez aller à Pékin, munissez-vous d'un *passeport diplomatique*. Il n'y a là aucun hôtel et, pour loger au Consulat ou à l'Ambassade, il est nécessaire d'avoir une fonction officielle.

« — Un passeport diplomatique, mais à quel titre?

« — Vous allez là-bas pour étudier les religions de l'Extrême-Orient, demandez au Ministre de l'Instruction publique de vous ordonner d'étudier les religions de l'Extrême-Orient et de vous octroyer pour cela les facilités nécessaires. »

Un peu stupéfait d'avoir à faire intervenir le Gouvernement dans mes faits et gestes, j'envoyai la demande et, très aimable, presque courrier par courrier, le Ministre me chargeait d'une mission scientifique en Orient et joignait à sa lettre le passeport espéré. Je mis le tout dans ma valise avec l'intention bien arrêtée de ne m'en servir qu'en cas d'urgence.

Mais, arrivé au Japon, je vis que « ça se savait ». Le Ministre de l'Instruction publique du Mikado, M. Riouitchi Kuki, que j'avais connu à Paris, me déclara qu'il s'intéressait vivement à ma mission et il me mit en mesure, il me mit en demeure de la remplir sérieusement. Je sentais que mon rôle grandissait, se haussait, qu'il fallait renoncer à suivre ma fantaisie et que je devais à la situation qui m'était faite, que je devais à la science, de mettre de la méthode et de la conscience dans les études que j'étais venu faire sur place.

Les résultats furent considérables et, en quittant la France, je ne m'attendais certes pas à rapporter de mon voyage une si belle moisson.

Pour en donner une idée, je renvoie au rapport qu'à mon retour j'adressai au Ministre.

Une chose que ne dit pas le rapport, c'est que, chemin faisant, je me suis attardé à causer avec les lettrés, les artistes, les amateurs et surtout les céramistes de la Chine et du Japon. Je ne pouvais me désintéresser de cette magnifique industrie de la porcelaine qui fait, depuis des siècles, la gloire de l'Extrême-Orient; et, parallèlement à mes col-

M. LE PRÉSIDENT LOUBET ARRIVANT AU MUSÉE A L'OCCASION DU JUBILÉ.

lections religieuses, je rassemblais des séries de poteries, profitant de mes conversations avec les fabricants pour me renseigner sur les procédés qu'ils emploient de père en fils, éclairant ces explications de mes connaissances d'industriel.

Je revenais en France au moment où l'on préparait l'Exposition universelle de 1878 et, tout en faisant construire à Lyon le bâtiment qui devait être le Musée, j'eus l'idée de faire profiter les Parisiens et les étrangers d'une partie des documents que j'avais rapportés. Une travée des galeries historiques du Trocadéro fut mise à ma disposition. J'y montrais tous les tableaux de Régamey et le contenu des premières caisses ouvertes.

En cherchant à présenter convenablement ces objets, j'eus une sorte de révélation qui me charma; c'est qu'une exposition doit avoir la clarté, l'unité, l'intensité d'une œuvre d'art; qu'il faut en faire harmonieuses les grandes lignes, y former des points saillants, lumineux, qui arrêtent, et y ajouter des parties sombres et calmes dont le mystère attire. Une certaine mise en scène est l'éloquence des choses, surtout quand ces choses doivent instruire. Et, dans les détails, j'éprouvais la jouissance d'ordonner une vitrine, de profiter du classement méthodique pour juxtaposer des pièces qui se font ressortir par la différence des formes, par la variété des couleurs, ou encore de disposer des masses monochromes qui aident à l'éclat d'un document qu'on veut souligner.

Depuis cette époque, j'ai eu bien souvent l'occasion d'organiser des galeries, de composer des vitrines, et toujours j'éprouve cette surexcitation émue qu'on ressent en peignant un tableau ou en écrivant une partition.

Le Congrès des Orientalistes de Saint-Etienne, celui de Florence, celui de Lyon que j'organisai, créèrent autour de moi un mouvement scientifique dont profitèrent mes recherches.

Au Congrès de Lyon, à l'occasion des réceptions ou des banquets, je me permis quelques déclarations plutôt humoristiques qui donnent une idée de mes préoccupations : « Messieurs, disais-je en inaugurant les bâtiments du Musée, je vous demande de me seconder dans mon entreprise. Aujourd'hui déjà, vous m'avez donné un appui considérable en venant assister à nos travaux scientifiques. Je vais avoir besoin de cet appui, d'une manière constante, pour compléter cette collection, pour la classer et, enfin, pour avoir un personnel de lecteurs, de visiteurs, d'auditeurs et d'élèves. Car je cherche à propager la science, à semer de la graine de savants, et si, sur cent graines, une seule prospère, j'aurai atteint mon but. C'est pour cela que je demande votre concours. » Et, à Neuville-sur-Saône, à la fin d'un banquet : « Il y a des savants qui se cachent, qui se tiennent à l'écart. Ils se choisissent, se comptent, se retirent dans le saint des saints et ferment le rideau derrière eux. Eh bien, moi, je fais des trous au rideau ! Je veux voir et je veux que tout le monde voie ! »

Le Musée s'installa rapidement et, le 30 septembre 1879, M. Jules Ferry, Ministre de l'Instruction publique, accompagné de M. Dumont, directeur de l'Enseignement supérieur, et de M. Rambeaud, chef de cabinet, vint en faire l'inauguration solennelle.

J'avais été frappé de l'organisation des Musées d'Amérique, comme le Smithsonian Institute, qui ont, à côté des collections, leurs conférences et leurs publications, et, en outre des cours que j'avais créés, je fondai deux séries d'ouvrages scientifiques, les *Annales du Musée Guimet* et la *Revue de l'Histoire des Religions*.

Je n'avais fait construire qu'un tiers du Musée définitif. Les objets, d'abord assez au large, se resserrèrent, puis ne trouvèrent plus de place. A Paris, j'avais, avenue du Trocadéro, deux grands appartements où j'avais entassé mes dernières acquisitions qui ne pouvaient être présentées à Lyon qu'après l'édification d'une seconde aile du bâtiment.

D'autre part, je m'aperçus qu'à Lyon ne venaient pas les savants, archéologues, philosophes, philologues, qui auraient pu m'être utiles, que là n'aboutissaient pas les documents nécessaires. De plus, les érudits qui pouvaient s'intéresser au Musée se trouvaient rarement en province, tandis qu'à toutes occasions ils visitaient Paris. J'avais fait avec nos publications, nos conférences, les voyages organisés, les fouilles entreprises, les indigènes rassemblés, une sorte d'usine scientifique, et je me trouvais loin de la matière première et loin de la consommation. Dans ces cas-là, on déplace l'usine; c'est ce que je fis : je transportai le Musée à Paris.

Cela n'alla pas tout seul et nous avons raconté dans la *Revue de l'Histoire des Religions* les péripéties de cet exode et leurs solutions heureuses.

Depuis cette translation, l'institution s'est développée sans cesse. Les dons, les collections arrivent avec une telle abondance que le Musée, ainsi qu'une industrie prospère est amenée à créer des « filiales », se voit forcé d'organiser des succursales en province.

Le Musée archéologique de Toulouse bénéficie du trop-plein des objets préhistoriques et la Faculté de médecine de Bordeaux a installé avec beaucoup de goût et de science, dans une suite de salles nombreuses qui remplissent plusieurs étages, un véritable musée tout à fait somptueux, rien qu'avec les prêts que nous avons pu lui faire.

Les publications se composent actuellement de cinq séries : la *Revue de l'Histoire des Religions,* les *Annales du Musée Guimet,* la *Bibliothèque d'études,* la *Bibliothèque de vulgarisation* et, en plus, la *Bibliothèque d'art* dont le premier volume va paraître à l'occasion de notre jubilé, Ces ouvrages représentent déjà près de 110 volumes parus.

d'une valeur considérable ; la collection est estimée 12.000 francs, et, comme le service en est fait gratuitement à toutes les Sociétés savantes, à toutes les grandes bibliothèques publiques de l'Europe et de l'Amérique, c'est par centaines de mille francs que l'on peut chiffrer les dons ainsi faits à chaque nation.

Des missions scientifiques ont été données par le Musée en Chine, en Indo-Chine, aux Indes, en Egypte, etc. Elles ont enrichi nos galeries et procuré à nos publications des ouvrages de premier ordre.

Enfin, les conférences, faites d'abord les dimanches d'hiver dans notre modeste salle de cours, ont obtenu un tel succès grâce à la valeur des orateurs et à l'attrait scientifique de leurs communications, qu'une seconde série de conférences avec projections a été inaugurée cette année à la mairie de Passy. J'espère que l'année prochaine il y en aura encore deux autres séries dans d'autres quartiers de Paris et je ne désespère pas d'en avoir aussi en province et à l'étranger, puisque depuis quelque temps j'ai pris la parole à Lille, Rouen, Bordeaux, Toulouse, Montpellier, Marseille, Lyon, Dijon.

Et, quand je regarde le chemin parcouru depuis vingt-cinq ans, quand je considère la somme énorme de travaux sollicités, obtenus, et dont j'ai pu récolter les gerbes lumineuses, le sentiment qui pénètre mon cœur n'est pas l'orgueil, c'est la reconnaissance ; c'est la gratitude vive, profonde, sincère pour tous mes collaborateurs, pour tous ceux dont le savoir, le travail, la générosité inlassables ont fait de nos collections un Musée qui pense, un Musée qui parle, un Musée qui vit.

RAPPORT

AU MINISTRE DE L'INSTRUCTION PUBLIQUE

Monsieur le Ministre,

Par arrêté en date du 10 avril 1876, vous avez bien voulu me charger d'une mission au Japon, en Chine et aux Indes, pour y étudier les religions de l'Extrême-Orient.

Je viens vous rendre compte de ce que j'ai pu faire, grâce à votre haut patronage, et de ce que j'espère encore entreprendre pour compléter les études commencées dans les régions que je viens d'explorer.

Mon rapport se divisera naturellement en trois parties, correspondant aux trois contrées que j'ai visitées.

JAPON

Le Gouvernement japonais entreprend de grandes réformes religieuses et il semble avoir considéré mes études comme une excellente occasion pour lui de connaître plus à fond les dogmes bouddhiques et de rectifier d'une manière plus complète les croyances shintoïstes.

C'est donc dans des circonstances très opportunes que j'ai entrepris ma mission.

D'une part, le clergé bouddhique redoutait de nouvelles suppressions de sectes ou craignait de voir encore quelques-uns de ses temples fermés; et, non seulement il mit beaucoup de complaisance à me donner tous les renseignements qui m'étaient nécessaires, mais il voulut que les réceptions qui m'étaient faites dans les sanctuaires aient lieu avec un grand éclat et une pompe tout à fait princière.

D'autre part, le shin-to, qui est la religion officielle, se mit en devoir de lutter de magnificence et de bonne volonté avec la croyance rivale.

J'ai visité, dans ces conditions exceptionnelles, les grands temples de Nikko, de Tokio, d'Ishè et de Kioto, ainsi que ceux qui sont échelonnés sur la route appelée Tokaïdo.

Dans les superbes monuments de Nikko, les prêtres bouddhiques célébrèrent, à l'occasion de mon passage, une grande cérémonie religieuse avec procession, offrande de fleurs, etc.

A Kioto, M. Makimoura, gouverneur de cette ancienne capitale des Mikados, fit organiser de véritables conciles, six pour les sectes bouddhiques et un pour le shin-to.

Dans ces réunions, les plus savants docteurs répondirent de fort bonne grâce à toutes mes questions, me firent présent de livres religieux et d'objets sacrés, m'indiquèrent les ouvrages que je devais me procurer pour bien connaître leurs idées et rédigèrent des réponses simples et claires à des demandes que je leur laissais par écrit, sur la création, l'intervention divine, la prière, les miracles, la vie future et la morale.

Ces conciles avaient toute la solennité de cérémonies religieuses et officielles; ils se sont tenus dans les sanctuaires mêmes ou dans les chambres impériales. Je citerai particulièrement les réceptions des sectes Zen-siou et Hokké-siou, la réunion shintoïste qui se termina par une cérémonie en l'honneur de Ten-man-gou, le dieu lettré, et le grand concile Sin-siou qui dura un jour entier, en présence d'un clergé considérable, et eut lieu dans le célèbre et ravissant pavillon du Siogoun Taï-Ko.

M. Lépine   M. Chaumié, Ministre   M. Loubet   Mme Loubet

En dehors de ces assemblées, j'eus de nombreuses conférences particulières avec des prêtres dont les connaissances spéciales demandaient à être étudiées à part.

Je n'ai éprouvé quelque difficulté qu'à Ishè, la ville sacrée du Shinto. Malgré la lettre de recommandation que m'avait remise le Gouvernement japonais, malgré l'escorte d'honneur qui m'accompagnait et qui indiquait le cas qu'on faisait de ma mission, les administrateurs religieux de ce pays prétendirent qu'ils étaient complètement indépendants et se refusèrent non seulement à me donner les explications que j'étais venu chercher, mais à me laisser pénétrer jusqu'au grand-prêtre des temples.

Après une journée de pourparlers, je pus enfin voir le grand-prêtre, qui fut charmant. Il me reçut devant son clergé et tout son personnel d'employés, me fit des excuses de l'accueil qu'on m'avait fait, me donna des livres saints et me fit voir les objets sacrés de ses trésors.

De plus, après m'avoir fourni tous les renseignements que j'avais demandés, il organisa en mon honneur une danse religieuse, telle qu'on l'exécute les jours de grandes fêtes ou en présence de S. M. le Mikado.

A part cet incident, qui s'est fort heureusement terminé, j'ai rencontré partout l'accueil le plus sympathique.

J'avais attaché à la mission un habile dessinateur, M. Félix Regamey, le correspondant bien connu des journaux illustrés de Londres, de New-York et de Paris; il a reproduit fidèlement soit les monuments religieux, soit les scènes intéressantes du voyage, et j'aurai sans doute l'honneur un jour de mettre sous vos yeux la série fort curieuse de ses dessins et aquarelles.

En dehors de son précieux concours, mon travail a été facilité par d'excellents interprètes parlant bien le français et connaissant le japonais littéraire et le chinois. Ces jeunes gens sortent de l'école française de M. Dury; ils me rejoindront en France où ils m'aideront à coordonner mes notes et mes livres et contribueront à former l'école japonaise et chinoise que je compte fonder à Lyon et dont j'ai déjà eu l'honneur de vous entretenir.

Je reviens donc du Japon avec les documents les plus importants sur les religions de ce pays. J'ai rapporté avec moi plus de *trois cents* peintures japonaises religieuses, *six cents* statues divines et une collection de plus de *mille* volumes soigneusement catalogués en chinois ou japonais et en français.

Je n'ai pas la prétention d'avoir, en trois mois, élucidé tous les mystères des croyances japonaises, mais j'ai établi avec les prêtres du pays des relations qu'ils demandent à continuer, et je suis muni de renseignements considérables que je mets à la disposition de tous ceux qui s'intéressent à ces questions.

Parmi les personnes qui m'ont le plus secondé dans mes recherches, je me permets de signaler particulièrement à votre bienveillante attention M. Rioutshi-Kouki, secrétaire général, faisant fonction de ministre de S. M. le Mikado pour le département de l'Instruction publique. M. Maki-Moura, gouverneur de Kioto, et M. Léon Dury, ancien consul de France à Nagazaki, ancien directeur de l'école française de Kioto et professeur au Kaïségakou (école polytechnique) de la capitale.

Mais je n'oublierai pas, Monsieur le Ministre, que c'est à votre haut patronage que je dois le succès de ce voyage et que c'est à vous tout spécialement que doit en revenir l'honneur.

CHINE

J'avais trouvé au Japon toutes les facilités possibles pour remplir la mission dont Votre Excellence a bien voulu me charger; je me suis heurté en Chine à l'indifférence des mandarins, à l'hostilité des prêtres locaux et au manque complet d'interprètes chinois parlant français.

Du reste, les religions de la Chine sont déjà très étudiées; grâce aux publications du XVIIIe siècle, grâce aux travaux récents des savants européens, grâce aux recherches des missionnaires chrétiens, les points dogmatiques de ces croyances se trouvent de plus en plus élucidés.

Mais il faut considérer que les idées bouddhiques ne se sont fait jour dans ces pays qu'au moyen d'une armée d'idoles, que les doctrines de Lao-Tzeu ont été envahies par le fétichisme local le plus compliqué, et qu'enfin la saine philosophie de Confucius elle-même a versé dans les superstitions naturalistes du Fong-shui, qui figure officiellement sur les programmes des examens littéraires.

On voit donc que les religions des Chinois sont ailleurs que dans les croyances qu'on peut étudier avec les livres et qu'il y a à faire sur place une sorte de statistique des dieux usuels; puis, muni de ces documents, étudier par suite de quel affaissement, des doctrines pures et élevées se sont peu à peu transformées et ont abouti aux pratiques les plus superstitieuses.

Le temps m'a tout à fait manqué pour entreprendre ce travail qui, pour être fécond, doit s'étendre à la Chine entière; mais j'ai fait mes efforts pour établir des relations àvec les savants résidant en Chine, avec les mandarins, chefs de province, et même avec les prêtres de certains temples, afin de préparer dans ce sens une seconde mission qui pourrait émaner de l'école japonaise et chinoise que je vais établir à Lyon.

La bienveillance des missionnaires catholiques et protestants m'a mis à la tête d'une bibliothèque religieuse chinoise presque aussi considérable que celle que j'ai rapportée du Japon; cette collection se complètera par correspondance et j'espère aussi la doubler peu à peu des représentations sculptées ou peintes de toutes les divinités du Céleste-Empire.

Le mahométisme, qui joue en Chine un rôle considérable, a été sérieusement étudié par notre consul de France à Canton, M. de Thiersant, et la science aura, sans doute, bientôt à sa disposition l'important ouvrage que prépare ce travailleur consciencieux, si bien au courant des choses de l'Extrême-Orient.

Vous voyez, Monsieur le Ministre, que, ne pouvant moi-même rassembler tous les documents nécessaires à l'étude dont vous m'avez chargé, j'ai fait mes efforts pour terminer en France le travail commencé en Chine, faciliter de nouvelles recherches et tâcher que mes successeurs soient à l'abri des inconvénients qui m'ont entravé.

INDES

En parcourant les Indes, je me suis attaché surtout à établir de nombreux centres de renseignements, soit auprès des savants européens, soit auprès des adeptes des nombreuses sectes religieuses qui couvrent ce sol fertile en croyances.

J'ai visité avec soin les temples brahmaniques, bouddhiques, parsis, mahométans et jaïna, j'ai assisté à de nombreuses cérémonies et les notes que j'ai prises sont complétées par les excellents dessins de M. Félix Regamey, qui m'a accompagné pendant tout mon voyage.

A Ceylan, j'ai trouvé un bouddhisme fort dégénéré, entaché de wishnouïsme et qui, à plusieurs reprises, a été obligé de faire venir de Siam et de la Birmanie les traditions perdues.

Depuis quelque temps, les bonzes se remettent à l'étude de leurs dogmes et à la pratique du sanscrit. J'ai obtenu que deux jeunes prêtres, l'un de la secte burmah, l'autre de la secte siamis, me rejoindraient en France pour y faire des études, professer le sanscrit et le singalais à mon école orientale de Lyon, me traduire les livres et les vieux manuscrits religieux que j'ai pu me procurer et me donner enfin sur place tous les renseignements nécessités par l'étude de leur religion.

Dans le Sud de l'Inde, j'ai trouvé des temples splendides, un culte très pur et des prêtres aussi exaltés qu'ignorants de leurs propres croyances. Là, les processions d'éléphants, les danses de bayadères, les réceptions religieuses avec *salam* et guirlandes de fleurs, toutes les pompes extérieures ont été mises en usage pour accueillir le délégué de votre ministère; mais les renseignements religieux ont complètement fait défaut.

Dans le Nord de la Péninsule, au contraire, le culte a perdu ses antiques traditions; les étrangers sont reçus avec indifférence, mais les brahmes, élevés dans les écoles anglaises, sont à même de fournir tous les éclaircissements possibles sur leurs propres idées et sur celles du peuple qui les entoure.

J'espère que quelques jeunes Indous se décideront à venir travailler à l'école orientale de Lyon. La difficulté à surmonter, c'est que tout individu qui s'éloigne de son pays perd sa caste et, quand on est brahme, cela mérite quelques réflexions.

Les savants que j'ai eu l'honneur de voir ont bien voulu me dresser des listes de tous les livres spéciaux que je pourrai trouver à Londres ou à Paris ; ils se sont chargés, en outre, de me procurer tous les travaux locaux publiés en brochures et qu'on ne peut trouver en Europe.

C'est également grâce à leur obligeance que je pourrai avoir peu à peu une collection aussi complète que possible de toutes les représentations divines du pays et aussi de tous les vases sacrés et objets symboliques qui servent au culte des différentes sectes.

CONCLUSION

En résumé, Monsieur le Ministre, j'espère pouvoir établir à Lyon :

1° Un Musée Religieux, qui contiendra tous les dieux de l'Inde, de la Chine, du Japon et de l'Egypte. Ces deux dernières collections sont déjà complètes ;

2° Une Bibliothèque des ouvrages sanscrits, tamoul, singalais, chinois-japonais et européens, traitant particulièrement les questions religieuses.

Près de trois mille volume sont déjà rassemblés ;

3° Une Ecole, dans laquelle les jeunes Orientaux pourront venir apprendre le français et les jeunes Français pourront étudier les langues mortes ou vivantes de l'Extrême-Orient.

Cette école aura des professeurs indigènes de croyances différentes. Je suis déjà assuré du concours de cinq sectes bouddhiques japonaises, de deux sectes bouddhiques indiennes, d'un confucéen et de plusieurs shintoïstes.

J'ai tout lieu de supposer que cette institution, aussi utile aux INTÉRÊTS COMMERCIAUX qu'à la PHILOSOPHIE et à la PHILOLOGIE, sera fréquentée par les nombreux jeunes gens de Lyon qui se destinent au commerce extérieur ou que l'éloignement de la capitale prive des moyens de se livrer aux études des langues.

Cette école sera en relation constante avec les correspondants spéciaux que j'ai établis dans l'Inde, la Chine, le Japon, et toute personne qui s'intéresse aux questions religieuses pourra y trouver des informations sûres et immédiates.

C'est grâce à cette organisation que je pourrai successivement publier EN FRANÇAIS, AVEC LE TEXTE ORIGINAL EN REGARD, les traductions des documents inédits que j'ai rapportés.

La première publication reproduira les notes manuscrites, rédigées sur mes questionnaires, et remises par les prêtres mêmes des religions qui ont fait l'objet de mes études.

Vous voyez, Monsieur le Ministre, que j'ai fait tous mes efforts pour que la mission dont vous m'avez chargé ne soit pas sans résultats.

Il a fallu toute la force que me donnait votre protection officielle pour me permettre d'accomplir en quelques mois ce qui, en toutes autres circonstances, eût nécessité des années.

Croyez que je conserverai le souvenir le plus reconnaissant de cet appui bienveillant et efficace.

Je suis avec respect, Monsieur le Ministre, de Votre Excellence le très dévoué serviteur.

EMILE GUIMET.

SORTIE DES INVITÉS

LE MUSÉE GUIMET

A PARIS

C'est en 1882 que M. Guimet, reconnaissant que Lyon, ville essentiellement industrielle, n'était pas le centre où l'institution créée par lui pouvait prendre les développements qu'elle comportait et rendre les services en vue desquels il l'avait fondée, prit la résolution de transporter à Paris le Musée Guimet. Sa première idée avait été de l'offrir à la ville de Paris ; mais plusieurs de ses amis et M. Charmes lui-même lui représentèrent que par son but même le Musée Guimet devait appartenir à l'Instruction publique et, le 9 janvier 1883, il adressait la lettre suivante au Ministre de l'Instruction publique :

Monsieur le Ministre,

Lorsque à la suite de la mission scientifique que m'avait donnée votre Ministère, j'ai organisé le Musée qui porte mon nom, je n'avais pas osé prévoir les résultats que sa création a produits. Je voulais réunir, pour mon usage personnel, des divinités, des livres, des manuscrits religieux, des objets sacrés, et m'entourer d'indigènes chargés d'en expliquer le sens. Les savants de tous les pays se sont intéressés à cette entreprise ; ils ont visité mes collections, m'ont offert des travaux sur les questions qui me préoccupaient, et de cet ensemble d'études sont nées, d'une part les *Annales du Musée Guimet*, d'autre part la *Revue de l'Histoire des Religions* qui forme comme une annexe des *Annales*.

Maintenant que le Musée est en correspondance et a un service d'échange avec tous les musées ethnographiques et archéologiques, avec les bibliothèques publiques, les académies et les sociétés savantes; maintenant qu'il a la collaboration de tous les savants qui s'occupent des questions religieuses de l'Orient et de l'antiquité, je suis obligé de reconnaître que cette institution qui rend quelques services à Lyon, au fond de la province, en rendrait de bien plus grands à Paris, au centre des savants de la capitale et à portée des nombreux étrangers qui viennent en France et dont bien peu s'arrêtent à Lyon.

L'impulsion que j'ai donnée, presque sans m'en douter, aux études religieuses, va faire instituer en Angleterre, en Allemagne, en Suède, en Hollande, etc., des musées analogues au mien, et il serait fâcheux que la France, qui a donné l'exemple, parût laisser dans l'ombre le *premier* musée des religions qui ait été créé.

Je sais que les collections ethnographiques du Trocadéro vont remplir cette lacune et que les habiles Conservateurs de ces richesses vont organiser leur musée dans cet esprit; déjà le savant Dr Hamy a classé les divinités du Mexique, et révèle chaque jour au public intelligent des découvertes qui semblaient impossibles à faire; mais ne serait-il pas utile de juxtaposer à cet ensemble les séries japonaises, chinoises, indiennes, organisées et expliquées par mes collaborateurs?

C'est pour arriver à ce résultat que j'ai l'honneur de vous proposer, Monsieur le Ministre, la combinaison suivante :

J'offre de donner à l'Etat toutes mes collections d'objets religieux, de manuscrits, de livres, avec le mobilier, les vitrines, etc.; en un mot, tout ce qui constitue le musée Guimet.

Je mets à ce don les conditions suivantes :

1º L'État fera construire, sur le modèle du palais qui existe à Lyon, un monument à Paris, soit au Champ-de-Mars, soit à l'emplacement dit « Magasin des Phares », soit sur tout autre point plus rapproché du centre ;

2° L'espace de terrain devra être assez vaste pour qu'on puisse terminer le musée suivant le plan général qui en a été dressé (actuellement la moitié seule est construite);

3° Le musée gardera son nom, et j'en serai le seul administrateur. Il y aura à chercher un arrangement pour le cas où je viendrais à mourir;

4° L'Etat me donnera pendant quarante ans une somme annuelle de quarante-cinq mille francs qui seront employés ainsi :

Personnel	16.000 francs.
Indigènes	10.000 —
Publications. . . .	14.000 —
Frais divers. . . .	5.000 —
	45.000 francs.

Je ne mets aucune condition pour les acquisitions nouvelles, ou les recherches et fouilles que je fais faire constamment. Le musée doit profiter de toutes ces augmentations et je voudrais, de ce côté-là, conserver aux collections que j'offre le caractère de *don* qui m'autorise à demander à l'État quelque soulagement dans les frais annuels en échange de l'abandon que je lui fais.

Je désire, dans l'intérêt de la science, que cette proposition vous agrée, Monsieur le Ministre, et je me tiens à votre disposition pour en expliquer et discuter tous les détails.

Je suis, etc.

A cette lettre étaient jointes diverses notes concernant le personnel, les traducteurs indigènes du musée, la construction et enfin les publications ; nous donnons *in extenso* cette dernière note qui renferme l'exposition du vaste plan de travaux conçu par M. Guimet.

NOTE SUR LES PUBLICATIONS

Les *Annales* et la *Revue de l'Histoire des Religions* sont, sans contredit, les créations les plus intéressantes parmi cette série de résultats scientifiques dus à l'organisation du Musée Guimet. Ce musée n'est pas seulement une collection d'objets curieux, c'est, avant tout, une collection d'idées. Chaque vitrine représente un dogme, une croyance, une secte : il a donc fallu, en dehors du catalogue qui ne peut donner que des esquisses à grands traits, publier un ensemble d'études destinées à déterminer et à mettre en lumière les idées représentées par les objets.

C'était, à tout prendre, l'exposé complet de toutes les religions de l'antiquité et de l'Orient qu'il s'agissait de présenter au public, et, pour une telle entreprise, il fallait un plan que voici :

C'est à l'Asie qu'on a voulu d'abord s'attaquer. On a l'espérance de trouver là l'origine d'un certain nombre d'idées religieuses, et puis, il y a là au point de vue chronologique une masse d'inconnues à dégager. Or, la religion la plus répandue en Asie est le Bouddhisme, et c'est aussi celle qui nous fournit la littérature la plus abondante. C'est donc par le Bouddhisme qu'on a commencé, et c'est le Bouddhisme au Tibet qu'on a interrogé le premier; car là, les croyants n'ont pas eu, autant qu'en Chine, au Japon et à Java, à s'assimiler des superstitions locales; à part quelques pratiques de sorcellerie, les rites, les dogmes et la littérature sont restés sensiblement purs. M. Léon Feer a déjà fait paraître un volume, *Analyse du Kandjour et du Tandjour*, qui nous donne en sanscrit et en tibétain les titres de tous les ouvrages bouddhiques, suivis d'une courte analyse sur les sujets qui y sont traités. Un autre volume du même auteur, *Fragments extraits du Kandjour*, va paraître, donnant des traductions *in extenso* de tous les passages qui ont un intérêt dogmatique, historique ou anecdotique, laissant de côté les litanies, les prières ordinaires, les répétitions et superfétations si fréquentes dans les livres bouddhiques. Pour compléter l'étude sur le Tibet, M. de Milloué a traduit l'ouvrage de Schlagintweit qui donne les renseignements les plus précis sur les cérémonies et les mœurs des bouddhistes dans ce pays.

Des travaux analogues sont en préparation sur le Bouddhisme en Chine, au Japon, à Java, à Siam, au Cambodge, en Birmanie, etc. Resserrant ainsi le cercle, on arrivera au Bouddhisme indien, point de départ des autres ; mais qui, soit par les persécutions, soit par un contact incessant avec les idées qui l'avaient inspiré, a fini par disparaître et s'absorber dans les religions d'où il était sorti.

Pendant que les Foucaux, les Feer, les Bigandet, les Aluys, les Regnaud et les bouddhistes de l'Orient eux-mêmes exécuteront ce vaste mouvement tournant, d'autres spécialistes s'occuperont des hymnes védiques, de leurs origines, de leurs transformations et migrations, et suivant leurs traces jusqu'en Grèce et en Italie arriveront peut-être à reconstituer cette littérature latente qu'on devine comme véhicule de certaines légendes, et qu'on pourrait appeler les *Hymnes perdus*. Puis, serrant de plus près ces poésies curieuses où l'on voit naître les dieux sur la bouche du poète, ces savants détermineront la part que le Brâhmanisme doit à ces cantiques primordiaux.

Ainsi cerné par ses émanations et ses origines, le Brâhmanisme, et peut-être le jaïnisme, nous livrera sa chronologie. L'Inde retrouverait son histoire! Mais pour atteindre à ce résultat, il faudra que les philologues s'appuient sur le concours actif des archéologues de l'Inde, de l'Inde du Sud particulièrement où les dieux locaux ont laissé dans les temples, dans les usages, dans les légendes, des traces vivaces de leur ancienneté et du rôle qu'ils ont joué antérieurement à l'assimilation grossière que les Brâhmanistes sectaires en ont fait avec leurs divinités d'origine védique. On pourra alors répondre sûrement à la question que se pose la science actuelle au sujet de l'influence des Grecs dans les Indes, et on saura si les soldats d'Alexandre qui ont détruit les livres perses et les palais de Darius, qui ont fait sur l'histoire de l'Asie cette tache noire que produit la perte d'une littérature, sont les mêmes qui ont donné à l'Inde son architecture merveilleuse et ses philosophies transcendantes.

En poursuivant le Bouddhisme à travers la Chine et le Japon, nous ne négligerons pas les religions locales plus anciennes, qui sont encore en honneur dans ces pays extrêmes. Les doctrines de Confucius sont bien connues ; les livres des lettrés chinois ne nous donneront guère à glaner que quelques monographies sur les croyances antérieures à Confucius. Dans cet ordre d'idées, nous avons déjà mis sous presse le *Yi : King* ou *Livre des Changements*, traduit du chinois par M. Philastre; cet ouvrage, accompagné de la traduction de ses commentaires indigènes, remplira deux volumes des Annales. Le *Taô* chinois et le *Shĭn-tô* japonais, dont les noms s'écrivent avec les mêmes caractères, ont pourtant entre eux peu de similitude. Grâce aux documents qui nous ont été remis au Japon par les prêtres de *Shĭn-tô*, cette croyance sera facilement mise en lumière. Le *Taô* présentera plus de difficultés. A côté de la philosophie de Laô-tsseu se dressent des dieux astronomiques, des dieux locaux, des dieux fétichiques et des héros divinisés. Il y a donc à analyser cet Olympe compliqué, et nous pensons que quand on aura déterminé les dieux locaux et les personnages sidéraux le travail sera presque fini ; mais il faudra, pour cela, publier d'abord l'Uranographie de tous les peuples asiatiques, et nous comptons beaucoup sur la comparaison de ces différents inventaires que chaque nation a fait de *son ciel* pour trouver la trace des emprunts faits aux voisins et, peut-être, remonter jusqu'aux premiers observateurs des planètes et des constellations. Le *Taô* nous fournira de curieux renseignements sur le fétichisme poétique de la Chine, sur ses *numina*, sur ses procédés de divination fort semblables aux procédés italiques.

Pendant que ces études se feront sur l'Asie, il y aura un autre centre d'action qui étendra ses recherches tout autour de la Méditerranée, l'Egypte, qui semble au premier abord immuable dans ses usages et ses croyances, nous montrera qu'au contraire, depuis huit mille années, elle n'a cessé de modifier ses mœurs et ses idées. Cernée par la mer et le sable, elle a souvent jeté ses regards au delà du désert et de l'Océan. Son histoire est connue et remonte à une antiquité vertigineuse, mais il y a à faire une histoire de la religion égyptienne. Ce sera un monument dont les travaux déjà donnés à nos *Annales* par Mariette, Chabas, Maspero, Naville, Lieblein, Lefébure, etc., sont de magnifiques pierres d'attente. Il y aura même à suivre les dogmes égyptiens pénétrant à travers l'empire romain, et déjà les documents abondent, et les travaux de MM. Lafaye, Rigollot, etc., sont prêts à paraître. Ils nous mèneront au seuil du christianisme qui, s'inspirant de l'édit de Théodose II, n'a pas dédaigné d'utiliser un grand nombre de représentations Isiaques : l'ancien monde pénétrant dans le nouveau par l'iconographie.

Depuis longtemps les savants s'occupent des religions phénicienne, pélasgique, étrusque, grecque, romaine et gauloise ; il n'est donc pas nécessaire pour ces études de suivre une marche particulière ; il faut prendre les travaux à mesure qu'ils se présentent. On peut espérer pourtant que les découvertes faites en Egypte et en Asie feront voir ces croyances sous un nouvel aspect, et, après les avoir considérées pendant longtemps à travers les classiques, il sera intéressant de les éclairer des reflets de l'Orient mieux connu.

En principe, nous ne voulions toucher ni aux croyances hébraïques, ni au christianisme. Il fallait donner à nos recueils un caractère simplement scientifique et écarter les sujets qui pouvaient choquer la foi de ceux qui doivent les lire. Mais des pasteurs protestants, des ecclésiastiques, sont venus à nous avec des études d'un grand intérèt historique et nous avons pensé que, traités par ceux-là mêmes qui pourraient en être froissés, ces sujets pouvaient être acceptés sans danger pour personne. C'est ainsi qu'une série de travaux sur les hérésies si curieuses des premiers siècles, le *Gnosticisme*, le *Manichéisme*, etc., sera présenté au lecteur ; ces hérésies ne sont plus regardées par les yeux prévenus des Pères de l'Église, mais analysées par les procédés de la critique moderne et expliquées par les Papyrus, les inscriptions hiéroglyphiques et cunéiformes. Il est heureux que des hommes d'une conviction sincère et d'une érudition toute spéciale consentent à se livrer à ces recherches intéressantes ; ils pensent que la vérité est une et que la foi ne peut que gagner au contact de la science, et ils s'avancent dans l'arène avec une sécurité qui n'est peut-être pas exempte de frisson, mais qu'il faut admirer et encourager.

On voit dans quel esprit de bienveillance scientifique nos publications sont mises au jour. En dehors des grandes lignes que nous venons de tracer, nous accueillons tous les travaux à mesure qu'ils se présentent et c'est ce qui explique pourquoi les volumes de mélanges sont assez fréquents, car notre but est de ne pas laisser indéfiniment dans l'ombre les découvertes des savants et de faire profiter immédiatement le public des résultats acquis.

Les *Annales* donnent de deux à quatre volumes par an. A cause des difficultés que présente l'impression des caractères étrangers, des textes sanscrits, chinois, hébreux, coptes égyptiens, etc., il y a toujours simultanément sous presse trois ou quatre volumes qui paraissent dès que le *bon à tirer* est donné par les auteurs.

A côté des *Annales* nous avons créé chez M. Leroux, éditeur à Paris, et sous la direction de M. Maurice Vernes, la *Revue de l'Histoire des Religions* qui paraît tous les deux mois.

Jusqu'à présent les études faites sur les questions religieuses se sont égarées dans des Revues de toutes sortes et de tous pays. Les spécialistes ignorent souvent que tel travail auquel ils s'acharnent est déjà fait. Souvent on ne sait où trouver des brochures dont on connaît le titre et qui ont été tirées à un petit nombre d'exemplaires. Enfin le public intelligent, qui s'intéresse de plus en plus à cette nouvelle science des religions, demande à être rapidement au courant des recherches et des progrès faits par les chercheurs. C'est pour répondre à tous ces besoins que la *Revue* a été créée et son succès toujours grandissant démontre que sa création était urgente. La *Revue* contient des articles de fond au bas desquels on trouve les signatures de MM. Duruy, Lenormant, G. Perrot, Fustel de Coulanges, Gaston Boissier, Clermont-Ganneau, Ravaisson, Decourdemanche, Paul Pierret, E. d'Eichthal, Reuillé, J. Halévy, J. Vinson, Beauvois, Goldziher, Van Hamel, Kern, Hooykaas, H. Oort, Happel, etc.

On y trouve dans chaque numéro :

Une chronique des études religieuses ;

Une bibliographie des ouvrages parus sur l'histoire des Religions;

Un dépouillement des périodiques et des travaux des sociétés savantes fait au point de vue des études mythologiques, dogmatiques, ritualistes, etc.

Enfin un bulletin critique sur tous les travaux parus dans l'année et concernant un pays déterminé. C'est-à-dire que :

M. Maspero rend compte des ouvrages parus sur l'Egypte ;

M. Barth sur l'Inde ;

M. Decharme sur la Grèce ;

M. Cordier sur la Chine ;

M. Bouché-Leclercq sur l'Italie :

M. Léon Feer sur le Tibet et l'Indo-Chine ;

M. Léger sur la Scandinavie ;

M. Maurice Vernes sur le judaïsme et le christianisme ;

Etc.

On comprend quelle impulsion tous ces travaux ont donnée à la science des religions et on voit que c'est une véritable armée de savants qui plane dans les Olympes et vit dans les dogmes pour y trouver les matériaux variés destinés à reconstituer plus tard l'*histoire de la pensée humaine.*

La *Revue,* qui a coûté certains frais d'organisation, peut maintenant vivre de ses propres forces. Il n'en est pas de même des *Annales du Musée Guimet,* publication luxueuse avec textes orientaux et illustrations. Les *Annales* coûtent, en moyenne, 20.000 francs par an. Si on en déduit le produit des ventes chez les libraires, la dépense est réduite à 14.000 francs. C'est là le budget que l'administration du musée y consacre chaque année. Les ventes iront sans doute en se développant et allègeront les frais ; mais cette bonification sera immédiatement utilisée pour éditer des ouvrages plus chers qu'on n'a pas encore osé aborder à cause du coût des planches qu'ils nécessitent.

*
* *

La proposition de M. Guimet fut favorablement accueillie, au ministère de l'Instruction publique et on s'occupait activement de chercher les moyens d'y donner suite lorsqu'un changement de ministère, en renversant M. Duvaux, mit un temps d'arrêt aux négociations. Elles reprirent bientôt sous le ministère de M. Jules Ferry qui connaissait le Musée, à l'inauguration duquel il avait bien voulu présider quelques années auparavant. Mais à ce moment la question financière vint entraver la marche des pourparlers. Malgré toute sa sympathie, M. J. Ferry n'osait pas ajouter une somme relativement assez importante au budget déjà trop chargé de l'Instruction publique, et il conseilla lui-même de proposer à la ville de Paris le don que l'État n'était pas en mesure d'accepter.

De ce côté aussi un accueil favorable répondit aux propositions de M. Guimet ; MM. Hovelacque, Yves Guyot, Depasse, Strauss, Hattat, Cernesson, et nombre d'autres s'employèrent activement à leur prise en considération ; mais là aussi la question financière mettait un obstacle insurmontable à la conclusion désirée. Le Conseil municipal se déclara prêt à faire un sacrifice, mais il fallait que l'Etat intervînt pour une part des dépenses que nécessiteraient la construction du Musée et son entretien.

La question du Musée Guimet fut donc de nouveau reportée au ministère de l'Instruction publique ; MM. Jules Roche et Clémenceau intervinrent et M. Fallières, alors ministre, promit d'étudier les moyens de donner satisfaction au Conseil municipal. Les pourparlers traînaient cependant en longueur, lorsque sur l'initiative de MM. Schéfer, Albert Réville, et Henri Cordier, MM. Barbier de Meynard, Foucaux, Feer, Guieysse, Albert Réville, Bouché-Leclercq, Bergaigne, Henri Cordier, Carrière, H. Derenbourg, J. Vinson, Clermont-Ganneau, Jean Réville, etc., se réunirent sous la présidence de M. Schéfer et rédigèrent une adresse au ministre pour lui demander une solution prompte de cette question d'un intérêt capital pour la science orientale dont ils étaient les représentants les plus autorisés, adresse qui fut revêtue des signatures de presque tous les collègues de ces savants professeurs. Cette démarche eut un effet des plus heureux ; elle leva les dernières hésitations du ministre et, quelques jours plus tard, M. Guimet ayant consenti à prendre à sa charge la moitié des frais de construction du nouveau musée, un projet de convention était arrêté portant cession du Musée Guimet à l'État qui s'engageait à faire les frais de la moitié restant de la construction et à assurer au musée le crédit annuel nécessaire à son fonctionnement ; le terrain devait être demandé à la Ville de Paris.

Dans sa séance du 16 mars 1885, le Conseil municipal votait une subvention d'un million pour l'acquisition du terrain nécessaire au musée et dont il devait conserver la propriété en cas de désaffectation, mais il mettait pour condition qu'au décès de M. Guimet le directeur serait choisi par le ministre entre trois candidats proposés par le Conseil.

M. Fallières ne crut pas devoir accepter cette condition et on demanda au Conseil de renoncer à cette clause, lui promettant que le successeur de M. Guimet serait nommé sur la présentation des grands corps savants.

Sur ces entrefaites, nouveau changement ministériel et M. Goblet remplace M. Fallières à l'Instruction publique. Cette fois, ce changement n'apporta pas un retard sérieux dans les négociations entamées. Poussée vivement par M. Charmes, l'affaire du terrain du Musée Guimet reçut enfin une solution définitive et conforme aux désirs du Ministre dans la séance du Conseil du 29 juillet 1885, et le 1er août M. Goblet déposait sur le bureau de la Chambre des députés le projet de loi et la convention suivante.

PROJET DE LOI

Ayant pour objet l'approbation de la convention passée entre le Ministre de l'Instruction publique, des Beaux-Arts et des Cultes, et M. Guimet, en vue du transport à Paris et de la cession à l'État de l'établissement connu à Lyon sous le nom de MUSÉE GUIMET, et portant ouverture au Ministre de l'Instruction publique, des Beaux-Arts et des Cultes (1ʳᵉ section) sur l'exercice 1885 : 1° d'un crédit extraordinaire de 260.000 francs; 2° d'un crédit extraordinaire de 45.000 francs, en exécution des articles 3 et 6 de ladite convention, présenté au nom de M. Jules Grévy, Président de la République française, par M. René Goblet, Ministre de l'Instruction publique, des Beaux-Arts et des Cultes, et par M. Sadi-Carnot, Ministre des Finances.

ARTICLE PREMIER. — Est approuvée la Convention dont ampliation est ci-annexée passée entre le Ministre de l'Instruction publique, des Beaux-Arts et des Cultes, agissant au nom de l'Etat, et M. Etienne-Emile Guimet, demeurant à Paris, 7, rue Saint-Philippe-du-Roule, agissant en son nom personnel, ladite Convention portant cession à l'Etat et transport à Paris du Musée connu à Lyon sous le nom de *Musée Guimet*.

ART. 2. — Il est ouvert au Ministre de l'Instruction publique, des Beaux-Arts et des Cultes, sur l'exercice de 1885, en augmentation des crédits votés par la loi des finances du 21 mars 1885 :

1° La somme de deux cent soixante mille francs (260.000 fr.) représentant la première annuité du crédit de 780.000 francs spécifié dans l'article III de la Convention ci-annexée.

Ce crédit extraordinaire sera classé à la première section — service de l'Instruction publique, sous le titre de chapitre LXX. (Frais de construction du Musée Guimet.)

2° La somme de quarante-cinq mille francs (45.000 fr.)

destinée à couvrir les frais d'entretien, personnel et matériel dudit musée, somme également spécifiée dans l'article VI de la Convention ci-annexée :

Ce crédit extraordinaire sera classé à la première section — service de l'Instruction publique, sous le titre de chapitre LXXI· (Frais d'entretien du Musée Guimet.)

Il sera pourvu à ces dépenses au moyen des ressources générales du budget de l'exercice 1885.

ART. 3. — La Convention précitée ne sera passible que du droit fixe de trois francs (3 fr.)

CONVENTION

L'an mil huit cent quatre-vingt-cinq et le vingt-deux du mois de juillet ;

Entre le Ministre de l'Instruction publique, des Beaux-Arts et des Cultes, agissant au nom de l'Etat et sous la réserve de l'approbation législative ;

D'une part,

Et M. Etienne-Emile Guimet, demeurant à Paris, 7, rue Saint-Philippe-du-Roule, agissant en son nom personnel ;

D'autre part,

Il a été convenu ce qui suit :

ARTICLE PREMIER. — M. Guimet cède et transporte à l'Etat la propriété pleine et entière des collections contenues dans l'établissement connu à Lyon sous le nom de Musée Guimet, et M. le Ministre de l'Instruction publique, des Beaux-Arts et des Cultes, agissant au nom de l'Etat, accepte cette cession.

ART. 2. — La cession comprend :

1° Toutes les collections classées et cataloguées audit Musée ;

2° Les collections non cataloguées encore, mais classées dans la galerie du rez-de-chaussée ;

3° Les collections non cataloguées, mais classées, qui figurent dans les galeries du deuxième étage, dites galeries égyptienne, grecque, romaine et gauloise ;

4° Les collections en caisses déposées au Trocadéro ;

5° La Bibliothèque renfermant environ 13.000 volumes, tant imprimés que manuscrits.

ART. 3. — Il est mis à la disposition de M. Guimet une somme de sept cent quatre-vingt mille francs (780.000 fr.), qui sera ordonnancée directement à son nom sur état nominatif en trois annuités. Cette somme de 780.000 francs sera employée, ainsi qu'il est stipulé dans les articles suivants, à la construction et à l'aménagement à Paris du Musée Guimet, travaux qui devront être exécutés dans le délai de trois ans. Ces constructions et aménagements sont évalués à la somme de 1.590.000 francs.

ART. 4. — M. Guimet s'engage à faire construire à Paris, à ses frais, risques et périls, dans le délai de trois ans, un immeuble dont les plans sont ci-annexés, sur un terrain agréé par lui et par l'Etat (cédé à cet effet par la Ville de Paris).

ART. 5. — M. Guimet s'engage également à faire exécuter à ses frais tous les travaux d'aménagement intérieur, à solder toutes dépenses provenant du fait du transport et de la mise en ordre des collections, de l'installation des vitrines, mobilier, etc., existant à Lyon, aussi bien que de l'achat de tout matériel supplémentaire nécessaire à la bonne installation du Musée à Paris.

ART. 6. — De plus, il est assuré au Musée Guimet un crédit annuel de quarante-cinq mille francs (45.000 fr.) payable à partir du 1er janvier 1885. Ce crédit devra être affecté :

1° Aux frais provenant du fait de la publication intitulée *Annales du Musée Guimet* ;

2° A la rétribution due à des indigènes collaborant aux publications ;

3° A la solde du personnel ;

4° Aux frais divers de tous genres, entretien, chauffage, éclairage, etc.

Les dépenses prélevées sur ce crédit seront justifiées par les pièces exigées par les règlements de comptabilité publique.

Art. 7. — Le Musée portera perpétuellement le nom de Musée Guimet.

Art. 8. — M. Guimet en sera nommé Directeur à vie, il renonce à tout émolument personnel.

Le conservateur et le personnel seront nommés ou révoqués par le Ministre de l'Instruction publique sur la proposition du Directeur.

Art. 9. — Les collections cédées à l'Etat seront perpétuellement affectées au Musée ; toutefois le Directeur pourra, si certains objets se trouvent en double, opérer des échanges sous la surveillance et avec l'approbation du Ministre de l'Instruction publique.

Art. 10. — Aussitôt l'approbation du présent traité par le pouvoir législatif, les collections telles qu'elles sont décrites ci-dessus seront propriété de l'Etat.

Le Ministre de l'Instruction publique, des Beaux-Arts et des Cultes prendra, au nom de l'Etat, livraison du Musée et des bâtiments le jour de l'achèvement de tous les travaux de construction et d'aménagements opérés par les soins de M. Guimet en exécution des articles 4 et 5 de la présente Convention.

Le 3 août, M. Jules Roche, rapporteur, concluait au vote du projet de loi. Voici le texte de son rapport :

RAPPORT de M. Jules ROCHE, député

Au nom de la Commission du Budget.

Messieurs, l'établissement connu à Lyon depuis 1879 sous le nom de Musée Guimet renferme de nombreuses et riches collections destinées à servir à l'histoire des religions et des civilisations orientales.

A la suite de ses voyages et à grands frais, M. Guimet a réussi à rassembler dans son musée un nombre considérable d'antiquités et curiosités hindoues, chinoises, japonaises, thibétaines, égyptiennes, grecques, romaines, gauloises, alexandrines, etc.

De très riches spécimens de céramique japonaise, des tableaux intéressants au point de vue ethnographique, enfin une bibliothèque très importante d'ouvrages relatifs surtout à l'Orient et composée de 13.000 volumes environ tant imprimés que manuscrits.

Depuis longtemps le monde scientifique suivait les efforts de M. Guimet, on savait que les documents figurés ou écrits qu'il avait su réunir dans son musée ne se trouvaient nulle part en Europe, groupés avec autant de méthode, classés suivant les différents dogmes, croyances ou sectes, de manière à en dégager un enseignement et à tracer l'exposé aussi complet que possible de toutes les religions de l'antiquité et de l'Orient. En dehors de sa valeur scientifique inappréciable, on savait aussi le prix artistique et vénal de ces collections, qu'on estime à plusieurs millions.

Bien souvent il avait paru regrettable qu'un établissement de cet ordre fût éloigné de Paris. M. Guimet a compris lui-même que son musée rencontrerait dans la capitale plus d'appréciateurs éclairés de tous les pays, et il a songé à le céder à l'Etat moyennant certaines conditions.

Par le projet de convention ci-annexé, M. Guimet s'engage :

A céder et transporter à l'Etat la propriété pleine et entière de ses collections;

A faire construire à Paris, à ses frais, risques et périls, sur un terrain cédé à cet effet par la ville de Paris (délibération du conseil municipal des 16 mars et 29 juillet 1885), un immeuble plus important que celui de Lyon;

Et à exécuter à ses frais les travaux d'aménagement de tout ordre; entreprise qui représente une dépense qu'on peut estimer à 1.590.000 francs.

En échange, il demande :

Une somme de 780.000 francs payable par tiers, en trois annuités, et destinée à couvrir une partie des frais de constructions et d'aménagements ;

Un crédit annuel de 45.000 francs pour l'entretien du musée ;

Le titre de directeur à vie de l'établissement.

Les avantages de ce contrat à titre onéreux sont si manifestes, qu'il semble inutile de les développer davantage, et nous avons l'honneur de vous demander, conformément au projet de loi du Gouvernement, d'approuver la convention passée avec M. Guimet et de vouloir bien en même temps ouvrir les crédits qui en sont la conséquence.

Le 4 août, le projet venait en discussion devant la Chambre des Députés, qui l'adoptait dans la même séance :

Séance du 4 août 1886. — Présidence de M. Charles FLOQUET

M. LE PRÉSIDENT. — La parole est à M. le Ministre de l'Instruction publique.

M. RENÉ GOBLET, *Ministre de l'Instruction publique, des Beaux-Arts et des Cultes.* — J'ai eu l'honneur, il y a deux jours, de déposer sur le bureau de la Chambre un projet de loi très intéressant qui consacre la convention passée avec M. Guimet pour la cession de son musée à l'Etat.

La Commission du budget a bien voulu examiner ce projet de loi et son rapport a été distribué ce matin.

Je désirerais vivement que ce projet pût être voté demain par le Sénat et je demande à la Chambre de vouloir bien ordonner la discussion immédiate, après déclaration d'urgence. (Oui ! oui ! très bien !)

M. JULES ROCHE, *rapporteur général de la Commission du budget.* — La Commission s'associe à la demande du Gouvernement.

Je mets aux voix la déclaration d'urgence, demandée par le Gouvernement, d'accord avec la Commission du budget.

(La Chambre, consultée, déclare l'urgence et ordonne la discussion immédiate. — Elle passe ensuite à la discussion des articles).

« Art. 1er. — Est approuvée la convention dont ampliation est ci-annexée passée entre le Ministre de l'Instruction publique, des Beaux-arts et des Cultes, agissant au nom de l'Etat, et M. Etienne-Emile Guimet, demeurant à Paris, 7, rue Saint-Philippe-du-Roule, agissant en son nom personnel, ladite convention portant cession à l'État et transport à Paris du musée connu à Lyon sous le nom de *Musée Guimet.* »

(L'article 1er est mis aux voix et adopté.)

« Art. 2. — Il est ouvert au Ministre de l'Instruction publique des beaux-arts et des cultes, sur l'exercice 1885, en augmentation des crédits votés par la loi de finances du 21 mars 1885 :

« 1° La somme de 260.000 francs représentant la première annuité du crédit de 780.000 francs, spécifiée dans l'article 3 de la convention ci-annexée.

« Ce crédit extraordinaire sera classé à la 1re section, service de l'Instruction publique, sous le titre de chapitre 70 (Frais de construction du musée Guimet).

« 2° La somme de 45.000 francs destinée à couvrir les frais d'entretien, personnel et matériel dudit musée, somme également spécifiée dans l'article 6 de la convention ci-annexée.

« Ce crédit extraordinaire sera classé à la 1re section. — Service de l'instruction publique sous le titre de chapitre 71 (Frais d'entretien du musée Guimet).

« Il sera pourvu à ces dépenses au moyen des ressources générales du budget de l'exercice 1885. » — (Adopté.)

« Art. 3. — La convention précitée ne sera passible que du droit fixe de 3 francs. » — (Adopté.)·

Il est procédé à un scrutin sur l'ensemble du projet de loi.

(Les votes sont recueillis. — MM. les Secrétaires en opèrent le dépouillement.)

M. le Président. — Voici le résultat du dépouillement du scrutin :

Nombre des votants 385
Majorité absolue. 193
    Pour l'adoption 384
    Contre 1

La Chambre des députés a adopté.

*
* *

Dès le lendemain le projet était transmis au Sénat, le 7 août, M. Merlin déposait son rapport et le projet de loi était voté dans la séance du même jour.

Séance du 6 août 1885. — Présidence de M. LE ROYER.

M. Merlin. — J'ai l'honneur de déposer sur le bureau du Sénat un rapport fait au nom de la Commission des finances chargée d'examiner le projet de loi, adopté par la Chambre des députés, ayant pour objet l'approbation de la convention passée entre le Ministre de l'Instruction publique, des Beaux-Arts et des Cultes et M. Guimet en vue du transport à Paris et de la cession à l'État de l'établissement connu à Lyon sous le nom de Musée Guimet, et portant ouverture au Ministre de l'Instruction publique, des Beaux-Arts et des Cultes (1re section) sur l'exercice 1885 : 1° d'un crédit extraordinaire de 260.000 francs ; 2° d'un crédit extraordinaire de 45.000 francs en exécution des articles 3 et 6 de ladite convention *(Lisez! lisez !)*.

Au nom de la Commission, et d'accord avec le Gouvernement, je prie le Sénat de vouloir bien déclarer l'urgence.

M. le Président. — Je consulte le Sénat sur l'urgence qui est demandée par la Commission, d'accord avec le Gouvernement.

(L'urgence est déclarée).

M. Merlin. — Je demande au Sénat l'autorisation de donner lecture de mon rapport.

M. le Président. — Il n'y a pas d'opposition ?...

M. Merlin a la parole pour donner lecture de son rapport.

Suit le rapport de M. Merlin, identique à celui de M. Jules Roche.

M. le Président. — Je consulte le Sénat sur la discussion immédiate qui est demandée par vingt de nos collègues dont voici les noms : MM. Merlin, Ferrouillat, Testelin, Berthelot, Charles Brun, Peyrat, Mazeau, Hugot, Dupouy, Munier, Dietz-Monnin, Arbel, Ninard, Roger-Marvaise, Chantemille, Noblot, Jean Macé, Cazot, Bergeon, et une signature illisible.

(La discussion immédiate est prononcée.)

M. le Président. — Le projet de loi sera mis à la suite de l'ordre du jour.

. . . .

M. le Président. — L'ordre du jour appelle la discussion du projet de loi, adopté par la Chambre des députés, ayant pour objet l'approbation de la convention passée entre le Ministre de l'Instruction publique, des Beaux-Arts, et des Cultes et M. Guimet, en vue du transport à Paris et de la cession à l'Etat de l'établissement connu à Lyon sous le nom de musée Guimet, et portant ouverture au Ministre de l'Instruction publique, des Beaux-Arts et des Cultes (1re section) sur l'exercice 1885 : 1° d'un crédit extraordinaire de 260.000 francs ; 2° d'un crédit extraordinaire de 45.000 francs en exécution des articles 3 et 6 de ladite convention.

Quelqu'un demande-t-il la parole pour la discussion générale ?...

Je consulte le Sénat sur la question de savoir s'il entend passer à la discussion des articles.

(Le Sénat décide qu'il passe à la discussion des articles.)

M. le Président, lit et met aux voix les différents articles du projet qui sont successivement adoptés.

M. de Gavardie. — Monsieur le Président, permettez-moi de faire observer que la convention a été approuvée à la date du 5 et qu'on nous fait voter le 6.

Je demanderai à la Commission si elle a eu le temps de lire le décret et l'un des 13.000 volumes dont on nous parle.

M. René Goblet, *Ministre de l'Instruction publique, des Beaux-Arts et des Cultes.* — Je veux simplement faire remarquer que la convention est du 27 juillet et a été acceptée par le Conseil municipal dans une délibération du 29 juillet.

M. le Président. — Il va être procédé au scrutin sur l'ensemble.

(Le scrutin a lieu. — MM. les Secrétaires en opèrent le dépouillement.)

M. le Président. — Voici le résultat du scrutin :

Nombre des votants. 219
Majorité absolue. 110
    Pour l'adoption. 201
    Contre. 18

Le Sénat a adopté.

*
* *

Restait au Conseil municipal à homologuer l'acte d'achat des terrains. La Commission de l'Architecture et des Beaux-Arts émit un avis favorable et chargea son président M. Hattat de rédiger le rapport qui était conçu dans les termes suivants :

RAPPORT

Présenté par M. Hattat, au nom de la 5ᵉ Commission, sur l'acquisition d'un terrain avenue d'Iéna, place d'Iéna et rue Boissière, pour l'établissement du Musée Guimet.

(Annexe au procès-verbal de la séance du 18 novembre 1885.)

Messieurs,

Le Conseil municipal a, par plusieurs délibérations, manifesté son désir d'aider de tout son pouvoir à l'installation, dans notre ville, du musée des Religions créé par M. Guimet, et qui se trouve aujourd'hui à Lyon.

Je n'ai pas besoin de vous rappeler dans quelles conditions M. Guimet a proposé de faire don à l'Etat de la précieuse collection qu'il a réunie à force de temps, d'argent et de science et pour laquelle ilsouhaite un cadre digne d'elle, c'est-à-dire Paris. L'Etat, qui acceptait ces conditions, comprenant tout l'intérêt que présentait pour la capitale l'installation de ce musée, s'engagea à faire la dépense nécessaire pour l'édification des locaux destinés à recevoir les collections, si la ville de Paris, de son côté, participait à cette dépense en fournissant le terrain.

C'est dans le courant de mars de cette année, que pour la première fois, la demande de l'Etat, formulée dans une proposition de M. le Ministre de l'Instruction publique, vous fût soumise. Elle tendait à ce que la ville participât, par l'apport d'un terrain de 4.000 mètres environ, — surface jugée indispensable, — à ladite installation.

Cette proposition de M. le Ministre de l'Instruction publique a été adoptée par vous en principe, par votre délibération du 16 mars 1885. Vous stipuliez seulement, entre autres conditions, d'abord, que la ville de Paris conserverait la nue-propriété du terrain cédé par elle à l'Etat, et que ce terrain devrait lui faire retour avec les constructions, sans soulte à payer, dans le cas où l'affectation du bâtiment serait changée, ce qui ne pourrait se faire sans l'approbation du Conseil municipal; ensuite, que le directeur du musée Guimet serait choisi, en cas de vacance, sur une liste de trois membres présentés par le Conseil municipal.

Par une lettre en date du 10 avril suivant, M. le Ministre de l'Instruction publique et des Beaux-Arts déclara accepter sans réserve la première de ces conditions; en ce qui concerne la seconde, il déclara ne pouvoir y consentir, mais s'engagea, en cas de vacance, à ne choisir le directeur du Musée Guimet que sur une proposition émanant des corps savants, qui ressortissent à son administration.

Vous avez, Messieurs, dans votre séance du 29 juillet dernier, adopté d'une manière définitive les propositions nouvelles de M. le Ministre sous la seule réserve que le prix du terrain mis à la charge de la Ville ne pourrait dépasser un million.

Par ce texte nouveau, vous donniez mission à l'administration de M. le Préfet de la Seine d'entamer les pourparlers nécessaires pour aboutir à l'acquisition d'un terrain qui, contenant au moins 4.000 mètres, ne coutât pas plus d'un million et réunit en outre certaines autres conditions.

En effet, il y avait un double problème à résoudre : d'une part, l'Etat et M. Guimet demandaient que l'emplacement qui serait choisi le fût à proximité des nouveaux musées modernes, c'est-à-dire du futur musée Galiera, du musée du Trocadéro et des grandes collections des Ponts et Chaussées ; il fallait, d'autre part, que le terrain se trouvât sur une grande voie et avec les dégagements nécessaires pour permettre l'édification d'un monument digne des richesses qu'il devrait contenir.

Après de nombreuses recherches, l'Administration a fixé son choix sur deux terrains contigus dont la réunion forme à peu près une surface de 4.000 mètres, et qui sont situés place d'Iéna, à l'angle de l'avenue de ce nom et de la rue Boissière.

La situation de la place d'Iéna répondait parfaitement à toutes les conditions du programme ; malheureusement les terrains voisins, dont la vente avait eu lieu récemment, ressortaient à 400 francs du mètre, ce qui pour 4.000 mètres, aurait mis à la charge de la Ville une dépense de un million six cent mille francs (1.600.000 fr.).

La délibération du Conseil étant formelle en ce qui concerne la dépense, l'Administration a dû négocier longuement avec les propriétaires de ces deux terrains, MM. Grienenger et d'Erlanger, pour les amener à consentir un abaissement de prix en rapport avec celui indiqué par ladite délibération.

Grâce à l'intervention officieuse d'un des grands propriétaires du quartier, MM. Grienenger et d'Erlanger ont enfin acquiescé aux propositions de l'Administration et, par une lettre du 5 octobre dernier, se sont engagés, le premier, à céder son terrain de 3.067 mètres, à l'angle de l'avenue d'Iéna et de la rue Boissière, au prix à forfait de 775.000 francs, et le second, à céder la surface nécessaire pour compléter l'emplacement du musée, sans que, toutefois, ce complément puisse dépasser 900 mètres carrés, au prix de 250 francs le mètre.

Ce résultat, communiqué à M. le Ministre de l'Instruction publique et des Beaux-Arts, a reçu son approbation sans restriction aucune; et le projet d'acquisition du terrain de la place d'Iéna a été également approuvé par M. Guimet. M. le Ministre a seulement insisté pour que l'affaire fût soumise d'urgence au vote du Conseil municipal.

Dans ces conditions, il ne reste plus, Messieurs, qu'à traiter la question des voies et moyens. Aux termes de leur engagement, MM. Grienenger et d'Erlanger ont accepté le paiement de leur prix respectif en trois annuités et par tiers, avec intérêts à 5 pour 100 à partir du 15 octobre 1885, le versement de la première annuité devant être effectué le 15 octobre 1886 seulement.

Il n'y aurait donc lieu de porter au budget supplémentaire de 1885 qu'une provision de 100.000 francs pour faire face aux frais de réalisation du contrat de vente, dépense qui pourra être prélevée, jusqu'à due concurrence sur celle de 119.912 fr. 93 résultant de bonis réalisés et de rabais d'adjudications, sur travaux de grosses réparations et amélioration d'édifices municipaux divers (chap. XLII, § 13, art 35 A, de la situation semestrielle du 31 mars 1885).

Cette somme de 100.000 francs ne doit d'ailleurs être considérée que comme une avance de la ville de Paris, qui obtiendra la déclaration d'utilité publique et rentrera ainsi dans ses déboursés.

Au budget de 1886 serait inscrite la première annuité, soit 333.333 33
plus les intérêts d'un million, du 15 octobre 1885 au 15 octobre 1886, soit . . . . 50.000 »

Ensemble 383.333 33

En ce qui concerne les deux dernières annuités avec les intérêts y afférents, elles pourraient être sans peine prélevées en

1887 et 1888, soit sur les crédits de l'emprunt, soit sur les ressources ordinaires du budget.

Dans ces conditions, votre Commission, Messieurs, vous propose de sanctionner les pourparlers engagés entre M. le Préfet de la Seine et MM. Grienenger et d'Erlanger. Vous assurerez ainsi à Paris la possession d'un musée unique en son genre, et vous montrerez une fois de plus que le Conseil municipal sait ne rien négliger lorsqu'il s'agit de la prédominance intellectuelle de Paris.

En terminant, Messieurs, je vous rappellerai que la convention passée entre l'Etat et M. Guimet a été approuvée par une loi du 7 août dernier, et que cette loi a en même temps ouvert, au Ministre de l'Instruction publique et des Beaux-Arts, sur l'exercice 1885, la première annuité du contingent de l'Etat dans la construction du nouveau musée.

Il ne dépend donc plus que de vous d'assurer la prompte mise à exécution de cette œuvre si intéressante, et cette éventualité vous semblera, je l'espère, suffisante pour que vous adoptiez, le plus tôt possible, le projet de délibération suivant.

Paris, le 18 novembre 1885.

Le rapporteur,
F. Hattat.

Les conclusions de ce rapport étaient adoptées par le Conseil municipal dans sa séance du 15 décembre, avec de légères modifications introduites par un amendement de M. Réty. Rien ne s'opposait donc plus à la mise en train des travaux.

Le 24 juin 1888, M. Lockroy, Ministre de l'Instruction publique, venait prendre possession du Musée.

Le 20 novembre 1889, M. Carnot,Président de la République, accompagné des Ministres, du Corps diplomatique, des Membres de l'Institut, etc., inaugurait les galeries du Musée, qui était ouvert au public le lendemain.

M. Guimet   Mᵐᵉ Loubet